Cambridge Plain Texts

GAUTIER

MÉNAGERIE INTIME

T0346111

GAUTIER

MÉNAGERIE
INTIME

CAMBRIDGE
AT THE UNIVERSITY PRESS
1920

CAMBRIDGE UNIVERSITY PRESS
Cambridge, New York, Melbourne, Madrid, Cape Town,
Singapore, São Paulo, Delhi, Mexico City

Cambridge University Press
The Edinburgh Building, Cambridge CB2 8RU, UK

Published in the United States of America by Cambridge University Press, New York

www.cambridge.org
Information on this title: www.cambridge.org/9781107615557

First published 1920
Re-issued 2013

A catalogue record for this publication is available from the British Library

ISBN 978-1-107-61555-7 Paperback

NOTE

THÉOPHILE GAUTIER (1811–1872) wrote poetry, novels, short stories, volumes of travel, and numerous miscellaneous works. For the last forty-six years of his life he was an indefatigable journalist, turning out amid the dust and bustle of a newspaper-office articles of excellent criticism in impeccable prose. He described himself as "a man for whom the external world exists." He might have added that he was a man for whom the spiritual world did not exist. He had a horror of death; though he often pitied himself as a galley-slave of journalism, he loved life and form and colour—and his friends—and his animals, especially cats.

A. TILLEY

May 1920

CONTENTS

MÉNAGERIE INTIME

I

TEMPS ANCIENS

On a souvent fait notre caricature : habillé à la turque, accroupi sur des coussins, entouré de chats dont la familiarité ne craint pas de nous monter sur les épaules et même sur la tête. La caricature n'est que l'exagération de la vérité ; et nous devons avouer que nous avons eu de tout temps pour les chats en particulier, et pour les animaux en général, une tendresse de brahmane ou de vieille fille. Le grand Byron traînait toujours après lui une ménagerie, même en voyage, et il fit élever un tombeau avec une épitaphe en vers de sa composition, dans le parc de l'abbaye de Newstead, à son fidèle terre-neuve Boatswain. On ne saurait nous accuser d'imitation pour ce goût, car il se manifesta chez nous à un âge où nous ne connaissions pas encore notre alphabet.

Comme un homme d'esprit prépare en ce moment une *Histoire des animaux de lettres*, nous écrivons ces notes dans lesquelles il pourra puiser, en ce qui concerne nos bêtes, des documents certains.

Notre plus ancien souvenir de ce genre remonte à notre arrivée de Tarbes à Paris. Nous avions alors trois ans, ce qui rend difficile à croire l'assertion de MM. de Mirecourt et Vapereau, prétendant que nous avons fait "d'assez mauvaises études" dans notre ville natale. Une nostalgie dont on ne croirait pas un enfant capable s'empara de nous. Nous ne parlions que patois, et ceux qui s'exprimaient en français "n'étaient pas des nôtres." Au milieu de la nuit, nous nous éveillions en demandant si l'on n'allait pas bientôt partir et retourner au pays.

Aucune friandise ne nous tentait, aucun joujou ne nous amusait. Les tambours et les trompettes ne pouvaient rien sur notre mélancolie. Au nombre des objets et des êtres regrettés figurait un chien nommé Cagnotte, qu'on n'avait pu amener. Cette absence nous rendait si triste qu'un matin, après avoir jeté par la fenêtre nos soldats de plomb, notre village allemand aux maisons peinturlurées, et notre violon du rouge le plus vif, nous allions suivre le même chemin pour retrouver plus vite Tarbes, les Gascons et Cagnotte. On nous rattrapa à temps par la jaquette, et Joséphine, notre bonne, eut l'idée de nous dire que Cagnotte, s'ennuyant de ne pas nous voir, arriverait le jour même par la diligence. Les enfants acceptent l'invraisemblable avec une foi naïve. Rien ne leur paraît impossible; mais il ne faut pas les tromper, car rien ne dérange l'opiniâtreté de leur idée fixe. De quart d'heure en quart d'heure, nous demandions si Cagnotte n'était pas venu enfin. Pour nous calmer, Joséphine acheta sur le Pont-Neuf un petit chien qui ressemblait un peu au chien de Tarbes. Nous hésitions à le reconnaître, mais on nous dit que le voyage changeait beaucoup les chiens. Cette explication nous satisfit, et le chien du Pont-Neuf fut admis comme un Cagnotte authentique. Il était fort doux, fort aimable, fort gentil. Il nous léchait les joues, et même sa langue ne dédaignait pas de s'allonger jusqu'aux tartines de

beurre qu'on nous taillait pour notre goûter. Nous
vivions dans la meilleure intelligence. Cependant,
peu à peu, le faux Cagnotte devint triste, gêné, em-
pêtré dans ses mouvements. Il ne se couchait plus
en rond qu'avec peine, perdait toute sa joyeuse
agilité, avait la respiration courte, ne mangeait plus.
Un jour, en le caressant, nous sentîmes une couture
sur son ventre fortement tendu et ballonné. Nous
appelâmes notre bonne. Elle vint, prit des ciseaux,
coupa le fil; et Cagnotte, dépouillé d'une espèce de
paletot en peau d'agneau frisée, dont les marchands
du Pont-Neuf l'avaient revêtu pour lui donner l'apparence d'un caniche, se révéla dans toute sa misère
et sa laideur de chien des rues, sans race ni valeur.
Il avait grossi, et ce vêtement étriqué l'étouffait;
débarrassé de cette carapace, il secoua les oreilles,
étira ses membres et se mit à gambader joyeusement
par la chambre, s'inquiétant peu d'être laid, pourvu
qu'il fût à son aise. L'appétit lui revint, et il com-
pensa par des qualités morales son absence de beauté.
Dans la société de Cagnotte, qui était un vrai enfant
de Paris, nous perdîmes peu à peu le souvenir de
Tarbes et des hautes montagnes qu'on apercevait de
notre fenêtre; nous apprîmes le français et nous
devînmes, nous aussi, un vrai Parisien.

Qu'on ne croie pas que ce soit là une historiette
inventée à plaisir pour amuser le lecteur. Le fait est
rigoureusement exact et montre que les marchands
de chiens de ce temps-là étaient aussi rusés que des
maquignons, pour parer leurs sujets et tromper le
bourgeois.

Après la mort de Cagnotte, notre goût se porta vers
les chats, comme plus sédentaires et plus amis du

foyer. Nous n'entreprendrons pas leur histoire détaillée. Des dynasties de félins, aussi nombreuses que les dynasties des rois égyptiens, se succédèrent dans notre logis; des accidents, des fuites, des morts, les emportèrent les uns après les autres. Tous furent aimés et regrettés. Mais la vie est faite d'oubli, et la mémoire des chats s'efface comme celle des hommes.

Cela est triste, que l'existence de ces humbles amis, de ces frères inférieurs, ne soit pas proportionnée à celle de leurs maîtres.

Après avoir mentionné une vieille chatte grise qui prenait parti pour nous contre nos parents et mordait les jambes de notre mère lorsqu'elle nous grondait ou faisait mine de nous corriger, nous arriverons à Childebrand, un chat de l'époque romantique. On devine, à ce nom, l'envie secrète de contrecarrer Boileau, que nous n'aimions pas alors et avec qui nous avons depuis fait la paix. Nicolas ne dit-il point:

O le plaisant projet d'un poëte ignorant
Qui de tant de héros va choisir Childebrand!

Il nous semblait qu'il ne fallait pas être si ignorant que cela pour aller choisir un héros que personne ne connaissait. Childebrand nous paraissait, d'ailleurs, un nom très chevelu, très mérovingien, on ne peut plus moyen âge et gothique, et fort préférable à un nom grec, Agamemnon, Achille, Idoménée, Ulysse, ou tout autre. Telles étaient les mœurs du temps, parmi la jeunesse du moins, car jamais, pour nous servir de l'expression employée dans la notice des fresques extérieures de Kaulbach à la pinacothèque de Munich, jamais l'hydre du *perruquinisme* ne dressa têtes plus hérissées; et les classiques, sans doute, appelaient leurs chats Hector, Ajax, ou Patrocle. Childebrand était un magnifique chat de gouttière à poil ras, fauve et rayé de noir, comme le pantalon de Saltabadil dans *Le Roi s'amuse*. Il avait, avec ses grands yeux verts coupés en amande et ses bandes régulières de velours, un faux air de tigre qui nous plaisait—les chats sont les tigres des pauvres diables, avons-nous écrit quelque part. Childebrand eut cet honneur de tenir une place dans nos vers, toujours pour taquiner Boileau:

> Puis je te décrirai ce tableau de Rembrandt
> Qui me fait tant plaisir; et mon chat Childebrand,
> Sur mes genoux posé selon son habitude,
> Levant sur moi la tête avec inquiétude,
> Suivra les mouvements de mon doigt qui dans l'air
> Esquisse mon récit pour le rendre plus clair.

Childebrand vient là fournir une bonne rime à Rembrandt, car cette pièce est une espèce de profession de foi romantique à un ami, mort depuis, et alors aussi enthousiaste que nous de Victor Hugo, de Sainte-Beuve et d'Alfred de Musset.

Comme don Ruy Gomez de Silva faisant à don Carlos impatienté la nomenclature de ses aïeux à partir de don Silvius "qui fut trois fois consul de Rome," nous serons forcé de dire, à propos de nos chats: "J'en passe et des meilleurs," et nous arriverons à *Madame Théophile*, une chatte rousse à poitrail blanc, à nez rose et à prunelles bleues, ainsi nommée parce qu'elle vivait avec nous dans une intimité tout à fait conjugale, dormant sur le pied de notre lit, rêvant sur le bras de notre fauteuil, pendant que nous écrivions, descendant au jardin pour nous suivre dans nos promenades, assistant à nos repas et interceptant parfois le morceau que nous portions de notre assiette à notre bouche.

Un jour, un de nos amis, partant pour quelques jours, nous confia son perroquet pour en avoir soin tant que durerait son absence. L'oiseau se sentant dépaysé était monté, à l'aide de son bec, jusqu'au haut de son perchoir et roulait autour de lui, d'un air passablement effaré, ses yeux semblables à des clous de fauteuil, en fronçant les membranes blanches qui lui servaient de paupières. Madame Théophile n'avait jamais vu de perroquet; et cet animal, nouveau pour elle, lui causait une surprise évidente. Aussi immobile qu'un chat embaumé d'Égypte dans son lacis de bandelettes, elle regardait l'oiseau avec un air de méditation profonde, rassemblant toutes les notions d'histoire naturelle qu'elle avait pu recueillir sur les toits, dans la cour et le jardin. L'ombre de ses pensées passait par ses prunelles changeantes et nous pûmes y lire ce résumé de son examen: "Décidément c'est un poulet vert."

Ce résultat acquis, la chatte sauta à bas de la table où elle avait établi son observatoire et alla se raser dans un coin de la chambre, le ventre à terre, les coudes sortis, la tête basse, le ressort de l'échine tendu, comme la panthère noire du tableau de Gérome, guettant les gazelles qui vont se désaltérer au lac.

Le perroquet suivait les mouvements de la chatte avec une inquiétude fébrile; il hérissait ses plumes, faisait bruire sa chaîne, levait une de ses pattes en agitant les doigts, et repassait son bec sur le bord de sa mangeoire. Son instinct lui révélait un ennemi méditant quelque mauvais coup.

Quant aux yeux de la chatte, fixés sur l'oiseau avec

une intensité fascinatrice, ils disaient dans un langage que le perroquet entendait fort bien et qui n'avait rien d'ambigu: "Quoique vert, ce poulet doit être bon à manger."

Nous suivions cette scène avec intérêt, prêt à intervenir quand besoin serait. Madame Théophile s'était insensiblement rapprochée: son nez rose frémissait, elle fermait à demi les yeux, sortait et rentrait ses griffes contractiles. De petits frissons lui couraient sur l'échine, comme à un gourmet qui va se mettre à table devant une poularde truffée; elle se délectait à l'idée du repas succulent et rare qu'elle allait faire. Ce mets exotique chatouillait sa sensualité.

Tout à coup son dos s'arrondit comme un arc qu'on tend, et un bond d'une vigueur élastique la fit tomber juste sur le perchoir. Le perroquet voyant le péril, d'une voix de basse, grave et profonde comme celle de M. Joseph Prudhomme, cria soudain: "As-tu déjeuné, Jacquot?"

Cette phrase causa une indicible épouvante à la chatte, qui fit un saut en arrière. Une fanfare de trompette, une pile de vaisselle se brisant à terre, un coup de pistolet tiré à ses oreilles, n'eussent pas causé à l'animal félin une plus vertigineuse terreur. Toutes ses idées ornithologiques étaient renversées.

"Et de quoi?—De rôti du roi"—continua le perroquet.

La physionomie de la chatte exprima clairement: "Ce n'est pas un oiseau, c'est un monsieur, il parle!"

> Quand j'ai bu du vin clairet,
> Tout tourne, tout tourne au cabaret,

chanta l'oiseau avec des éclats de voix assourdissants,

car il avait compris que l'effroi causé par sa parole était son meilleur moyen de défense. La chatte nous jeta un coup d'œil plein d'interrogation, et, notre réponse ne la satisfaisant pas, elle alla se blottir sous le lit, d'où il fut impossible de la faire sortir de la journée. Les gens qui n'ont pas l'habitude de vivre avec les bêtes, et qui ne voient en elles, comme Descartes, que de pures machines, croiront sans doute que nous prêtons des intentions au volatile et au quadrupède. Nous n'avons fait que traduire fidèlement leurs idées en langage humain. Le lende-main, Madame Théophile, un peu rassurée, essaya une nouvelle tentative repoussée de même. Elle se le tint pour dit, acceptant l'oiseau pour un homme.

Cette délicate et charmante bête adorait les parfums. Le patchouli, le vétiver des cachemires, la jetaient en des extases. Elle avait aussi le goût de la musique. Grimpée sur une pile de partitions, elle écoutait fort attentivement et avec des signes visibles de plaisir les cantatrices qui venaient s'essayer au piano du critique. Mais les notes aiguës la rendaient nerveuse, et au *la* d'en haut elle ne manquait jamais de fermer avec sa patte la bouche de la chanteuse. C'est une expérience qu'on s'amusait à faire, et qui ne manquait jamais. Il était impossible de tromper sur la note cette chatte dilettante.

II

DYNASTIE BLANCHE

Arrivons à des époques plus modernes. D'un chat rapporté de la Havane par Mlle Aïta dela Penuela, jeune artiste espagnole dont les études d'angoras blancs ont orné et ornent encore les devantures des marchands d'estampes, nous vint un petit chat, mignon au possible, qui ressemblait à ces houppes de cygne qu'on trempe dans la poudre de riz. A cause de sa blancheur immaculée il reçut le nom de Pierrot qui, lorsqu'il fut devenu grand, s'allongea en celui de Don Pierrot de Navarre, infiniment plus majestueux, et qui sentait la grandesse. Don Pierrot, comme tous les animaux dont on s'occupe et que l'on gâte, devint d'une amabilité charmante. Il participait à la vie de la maison avec ce bonheur que les chats trouvent dans l'intimité du foyer. Assis à sa place habituelle, tout près du feu, il avait vraiment l'air de comprendre les conversations et de s'y intéresser. Il suivait des yeux les interlocuteurs, poussant de temps à autre de petits cris, comme s'il eût voulu faire des objections et donner, lui aussi, son avis sur la littérature, sujet ordinaire des entretiens. Il aimait beaucoup les livres, et quand il en trouvait un ouvert sur une table, il se couchait dessus, regardait attentivement la page et tournait les feuillets avec ses griffes; puis il finissait par s'endormir, comme s'il eût, en effet, lu un roman à la mode. Dès que nous prenions la plume, il sautait sur notre pupitre et regardait d'un air d'attention profonde le bec de fer semer de pattes de mouches le champ de papier, faisant un mouvement de tête à chaque retour de ligne. Quelquefois il essayait de prendre part à notre travail et tâchait de nous retirer la plume de la main, sans doute pour écrire à son tour, car c'était un chat esthétique comme le chat Murr d'Hoffmann; et nous le soupçonnons fort d'avoir griffonné des mémoires, la nuit, dans quelque gouttière, à la lueur de ses prunelles phosphoriques. Malheureusement ces élucubrations sont perdues.

Don Pierrot de Navarre ne se couchait pas que nous fussions rentré. Il nous attendait au dedans de la porte et, dès notre premier pas dans l'antichambre, il se frottait à nos jambes en faisant le gros dos, avec un *ronron* amical et joyeux. Puis il se mettait à marcher devant nous, nous précédant comme un page, et, pour peu que nous l'en eussions prié, il nous eût tenu le bougeoir. Il nous conduisait ainsi à la chambre à coucher, attendait que nous fussions déshabillé, puis il sautait sur notre lit, nous prenait le col entre ses pattes, nous poussait le nez avec le sien, nous léchait de sa petite langue rose, âpre comme une lime, en poussant de petits cris inarticulés, exprimant de la façon la plus claire sa satisfaction de nous revoir. Puis, quand ses tendresses étaient calmées et l'heure du sommeil venue, il se perchait sur le dossier de la couchette et dormait là en équilibre, comme un oiseau sur la branche. Dès que nous étions éveillé, il venait s'allonger près de nous jusqu'à l'heure de notre lever.

Minuit était l'heure que nous ne devions pas dépasser pour rentrer à la maison. Pierrot avait là-dessus des idées de concierge. Dans ce temps-là nous

avions formé, entre amis, une petite réunion du soir
qui s'appelait "la Société des quatre chandelles," le
luminaire du lieu étant composé, en effet, de quatre
chandelles fichées dans des flambeaux d'argent et
placées aux quatre coins de la table. Quelquefois la
conversation s'animait tellement qu'il nous arrivait
d'oublier l'heure, au risque, comme Cendrillon, de
voir notre carrosse changé en écorce de potiron et
notre cocher en maître rat. Pierrot nous attendit
deux ou trois fois jusqu'à deux heures du matin;
mais, à la longue, notre conduite lui déplut, et il
alla se coucher sans nous. Cette protestation muette
contre notre innocent désordre nous toucha, et nous
revînmes désormais régulièrement à minuit. Mais
Pierrot nous tint longtemps rancune; il voulut voir si
ce n'était pas un faux repentir; mais quand il fut
convaincu de la sincérité de notre conversion, il
daigna nous rendre ses bonnes grâces, et reprit son
poste nocturne dans l'antichambre.

Conquérir l'amitié d'un chat est chose difficile.
C'est une bête philosophique, rangée, tranquille,
tenant à ses habitudes, amie de l'ordre et de la pro-
preté, et qui ne place pas ses affections à l'étourdie:
il veut bien être votre ami, si vous en êtes digne, mais
non pas votre esclave. Dans sa tendresse il garde son
libre arbitre, et il ne fera pas pour vous ce qu'il juge
déraisonnable; mais une fois qu'il s'est donné à vous,
quelle confiance absolue, quelle fidélité d'affection!
Il se fait le compagnon de vos heures de solitude, de
mélancolie et de travail. Il reste des soirées entières
sur votre genou, filant son rouet, heureux d'être avec
vous et délaissant la compagnie des animaux de son
espèce. En vain des miaulements retentissent sur le

toit, l'appelant à une de ces soirées de chats où le thé est remplacé par du jus de hareng-saur, il ne se laisse pas tenter et prolonge avec vous sa veillée. Si vous le posez à terre, il regrimpe bien vite à sa place avec une sorte de roucoulement qui est comme un doux reproche. Quelquefois, posé devant vous, il vous regarde avec des yeux si fondus, si moelleux, si caressants et si humains, qu'on en est presque effrayé ; car il est impossible de supposer que la pensée en soit absente.

Don Pierrot de Navarre eut une compagne de même race, et non moins blanche que lui. Tout ce que nous avons entassé de comparaisons neigeuses dans la *Symphonie en blanc majeur* ne suffirait pas à donner une idée de ce pelage immaculé, qui eût fait paraître jaune la fourrure de l'hermine. On la nomma Séraphita, en mémoire du roman swedenborgien de Balzac. Jamais l'héroïne de cette légende merveilleuse, lorsqu'elle escaladait avec Minna les cimes couvertes de neiges du Falberg, ne rayonna d'une blancheur plus pure. Séraphita avait un caractère rêveur et contemplatif. Elle restait de longues heures immobile sur un coussin, ne dormant pas, et suivant des yeux, avec une intensité extrême d'attention, des spectacles invisibles pour les simples mortels. Les caresses lui étaient agréables ; mais elle les rendait d'une manière très réservée, et seulement à des gens qu'elle favorisait de son estime, difficilement accordée. Le luxe lui plaisait, et c'était toujours sur le fauteuil le plus frais, sur le morceau d'étoffe le plus propre à faire ressortir son duvet de cygne, qu'on était sûr de la trouver. Sa toilette lui prenait un temps énorme ; sa fourrure était lissée soigneusement tous les matins. Elle se débarbouillait avec sa patte ; et chaque poil de sa toison, brossé avec sa langue rose, reluisait comme de l'argent neuf. Quand on la touchait, elle effaçait tout de suite les traces du contact, ne pouvant souffrir d'être ébouriffée. Son élégance, sa distinction éveillaient une idée d'aristocratie; et, dans sa race, elle était au moins duchesse. Elle raffolait des parfums, plongeait son nez dans les bouquets, mordillait, avec de petits spasmes de plaisir, les mouchoirs imprégnés d'odeur; se promenait sur la toilette parmi les flacons d'essence, flairant les bouchons; et, si on l'eût laissé faire, elle se fût volontiers mis de la poudre de riz. Telle était Séraphita; et jamais chatte ne justifia mieux un nom plus poétique.

A peu près vers cette époque, deux de ces prétendus matelots qui vendent des couvertures bariolées, des mouchoirs en fibre d'ananas et autres denrées exotiques, passèrent par notre rue de Longchamps. Ils avaient dans une petite cage deux rats blancs de Norvége avec des yeux roses les plus jolis du monde. En ce temps-là, nous avions le goût des animaux blancs; et jusqu'à notre poulailler était peuplé de poules exclusivement blanches. Nous achetâmes les deux rats; et on leur construisit une grande cage avec des escaliers intérieurs menant aux différents étages, des mangeoires, des chambres à coucher, des trapèzes pour la gymnastique. Ils étaient là, certes, plus à l'aise et plus heureux que le rat de La Fontaine dans son fromage de Hollande.

Ces gentilles bêtes dont on a, nous ne savons pourquoi, une horreur puérile, s'apprivoisèrent bientôt de la façon la plus étonnante, lorsqu'elles furent certaines qu'on ne leur voulait point de mal. Elles se laissaient caresser comme des chats, et, vous prenant le doigt

entre leurs petites mains roses d'une délicatesse idéale,
vous léchaient amicalement. On les lâchait ordinairement à la fin des repas; elles vous montaient sur les
bras, sur les épaules, sur la tête, entraient et ressor-
taient par les manches des robes de chambre et des
vestons, avec une adresse et une agilité singulières.
Tous ces exercices, exécutés très gracieusement,
avaient pour but d'obtenir la permission de fourrager
les restes du dessert; on les posait alors sur la table;
en un clin d'œil le rat et la rate avaient déménagé les
noix, les noisettes, les raisins secs et les morceaux de
sucre. Rien n'était plus amusant à voir que leur air
empressé et furtif, et que leur mine attrapée quand
ils arrivaient au bord de la nappe; mais on leur tendait
une planchette aboutissant à leur cage, et ils em-
magasinaient leurs richesses dans leur garde-manger.
Le couple se multiplia rapidement; et de nombreuses
familles d'une égale blancheur descendirent et
montèrent les petites échelles de la cage. Nous nous
vîmes donc à la tête d'une trentaine de rats tellement
privés que, lorsqu'il faisait froid, ils se fourraient dans
nos poches pour avoir chaud et s'y tenaient tranquilles.
Quelquefois nous faisions ouvrir les portes de cette
Ratopolis, et, montant au dernier étage de notre
maison, nous faisions entendre un petit sifflement
bien connu de nos élèves. Alors les rats, qui
franchissent difficilement des marches d'escalier, se
hissaient par un balustre, empoignaient la rampe,
et, se suivant à la file avec un équilibre acrobatique,
gravissaient ce chemin étroit que parfois les écoliers
descendent à califourchon, et venaient nous retrouver,
en poussant de petits cris et en manifestant la joie la
plus vive. Maintenant, il faut avouer un béotisme

de notre part: à force d'entendre dire que la queue des rats ressemblait à un ver rouge et déparait la gentillesse de l'animal, nous choisîmes une de nos jeunes bestioles et nous lui coupâmes avec une pelle rouge cet appendice tant critiqué. Le petit rat supporta très bien l'opération, se développa heureusement et devint un maître rat à moustaches; mais, quoique allégé du prolongement caudal, il était bien moins agile que ses camarades; il ne se risquait à la gymnastique qu'avec prudence et tombait souvent. Dans les ascensions le long de la rampe, il était toujours le dernier. Il avait l'air de tâter la corde comme un danseur sans balancier. Nous comprîmes alors de quelle utilité la queue était aux rats; elle leur sert à se tenir en équilibre lorsqu'ils courent le long des corniches et des saillies étroites. Ils la portent à droite ou à gauche pour se faire contre-poids alors qu'ils penchent d'un côté ou d'un autre. De là ce perpétuel frétillement qui semble sans cause. Mais quand on observe attentivement la nature, on voit qu'elle ne fait rien de superflu, et qu'il faut mettre beaucoup de réserve à la corriger.

Vous vous demandez sans doute comment des chats et des rats, espèces si antipathiques et dont l'une sert de proie à l'autre, pouvaient vivre ensemble? Ils s'accordaient le mieux du monde. Les chats faisaient patte de velours aux rats, qui avaient déposé toute méfiance. Jamais il n'y eut perfidie de la part des félins, et les rongeurs n'eurent pas à regretter un seul de leurs camarades. Don Pierrot de Navarre avait pour eux l'amitié la plus tendre. Il se couchait près de leur cage et les regardait jouer des heures entières. Et quand, par hasard, la porte de la chambre était fermée, il grattait et miaulait doucement pour se faire ouvrir et rejoindre ses petits amis blancs, qui, souvent, venaient dormir tout près de lui. Séraphita, plus dédaigneuse et à qui l'odeur des rats, trop fortement musquée, ne plaisait pas, ne prenait point part à leurs jeux, mais elle ne leur faisait jamais de mal et les laissait tranquillement passer devant elle sans allonger sa griffe.

La fin de ces rats fut singulière. Un jour d'été lourd, orageux, où le thermomètre était près d'atteindre les quarante degrés du Sénégal, on avait placé leur cage dans le jardin sous une tonnelle festonnée de vigne, car ils semblaient souffrir beaucoup de la chaleur. La tempête éclata avec éclairs, pluie, tonnerre et rafales. Les grands peupliers du bord de la rivière se courbaient comme des joncs; et, armé d'un parapluie que le vent retournait, nous nous préparions à aller chercher nos rats, lorsqu'un éclair éblouissant, qui semblait ouvrir les profondeurs du ciel, nous arrêta sur la première marche qui descend de la terrasse au parterre.

Un coup de foudre épouvantable, plus fort que la détonation de cent pièces d'artillerie, suivit l'éclair presque instantanément, et la commotion fut si violente que nous fûmes à demi renversé.

L'orage se calma un peu après cette terrible explosion; mais, ayant gagné la tonnelle, nous trouvâmes les trente-deux rats, les pattes en l'air, foudroyés du même coup.

Les fils de fer de leur cage avaient sans doute attiré et conduit le fluide électrique.

Ainsi moururent, tous ensemble, comme ils avaient vécu, les trente-deux rats de Norvége, mort enviable, rarement accordée par le destin!

III

DYNASTIE NOIRE

Don Pierrot-de-Navarre, comme originaire de la Havane, avait besoin d'une température de serre chaude. Cette température, il la trouvait au logis; mais autour de l'habitation s'étendaient de vastes jardins, séparés par des claires-voies capables de donner passage à un chat, et plantés de grands arbres où pépiaient, gazouillaient, chantaient des essaims d'oiseaux; et parfois Pierrot, profitant d'une porte entr'ouverte, sortait le soir, en se mettant en chasse, courant à travers le gazon et les fleurs humides de rosée. Il lui fallait attendre le jour pour rentrer, car, bien qu'il vînt miauler sous les fenêtres, son appel n'éveillait pas toujours les dormeurs de la maison. Il avait la poitrine délicate, et prit, une nuit plus froide que les autres, un rhume qui dégénéra bientôt en phthisie. Le pauvre Pierrot, au bout d'une année de toux, était devenu maigre, efflanqué; son poil, d'une blancheur autrefois si soyeuse, rappelait le blanc mat du linceul. Ses grands yeux transparents avaient pris une importance énorme dans son masque diminué. Son nez rose avait pâli, et il s'en allait, à pas lents, le long du mur où donnait le soleil, d'un air mélancolique, regardant les feuilles jaunes de l'automne s'enlever en spirale dans un tourbillon. On eût dit qu'il récitait l'élégie de Millevoye. Rien de plus touchant qu'un animal malade: il subit la souffrance avec une résignation si douce et si triste! On fit tout ce qu'on put pour sauver Pierrot; il eut un médecin très habile qui l'auscultait et lui tâtait le pouls. Il ordonna à Pierrot le lait d'ânesse, que la pauvre bête buvait assez volontiers dans sa petite soucoupe de porcelaine. Il restait des heures entières allongé sur notre genou comme l'ombre d'un sphinx; nous sentions son échine comme un chapelet sous nos doigts; et il essayait de répondre à nos caresses par un faible *ronron* semblable à un râle. Le jour de son agonie, il haletait couché sur le flanc; il se redressa par un suprême effort. Il vint à nous, et, ouvrant des prunelles dilatées, il nous jeta un regard qui demandait secours avec une supplication intense; ce regard semblait dire: "Allons, sauve-moi, toi qui es un homme." Puis, il fit quelques pas en vacillant, les yeux déjà vitrés, et il retomba en poussant un hurlement si lamentable, si désespéré, si plein d'angoisse, que nous en restâmes pénétré d'une muette horreur. Il fut enterré au fond du jardin, sous un rosier blanc qui désigne encore la place de sa tombe.

Séraphita mourut, deux ou trois ans après, d'une angine couenneuse que les secours de l'art furent impuissants à combattre. Elle repose non loin de Pierrot.

Avec elle s'éteignit la dynastie blanche, mais non pas la famille. De ce couple blanc comme neige étaient nés trois chats noirs comme de l'encre. Explique qui voudra ce mystère. C'était alors la grande vogue des *Misérables* de Victor Hugo; on ne parlait que du nouveau chef-d'œuvre; les noms des héros du roman voltigeaient sur toutes les bouches. Les deux petits chats mâles furent appelés Enjolras et Gavroche, la chatte reçut le nom d'Éponine. Leur jeune âge fut plein de gentillesse, et on les dressa comme des chiens à rapporter un papier chiffonné en boule qu'on leur lançait au loin. On arriva à jeter la boule sur des corniches d'armoire, à la cacher derrière des caisses, au fond de longs vases, où ils la reprenaient très adroitement avec leur patte. Quand ils eurent atteint l'âge adulte, ils dédaignèrent ces jeux frivoles et rentrèrent dans le calme philosophique et rêveur qui est le vrai tempérament des chats.

Pour les gens qui débarquent en Amérique dans une colonie à esclaves, tous les nègres sont des nègres et ne se distinguent pas les uns des autres. De même, aux yeux indifférents, trois chats noirs sont trois chats noirs ; mais des regards observateurs ne s'y trompent pas. Les physionomies des animaux diffèrent autant entre elles que celles des hommes, et nous savions très bien distinguer à qui appartenaient ces museaux, noirs comme le masque d'Arlequin, éclairés par des disques d'émeraude à reflets d'or.

Enjolras, de beaucoup le plus beau des trois, se faisait remarquer par une large tête léonine à bajoues bien fournies de poils, de fortes épaules, un râble long et une queue superbe épanouie comme un plumeau. Il avait quelque chose de théâtral et d'emphatique, et il semblait poser comme un acteur qu'on admire. Ses mouvements étaient lents, onduleux et pleins de majesté ; on eût dit qu'il marchait sur une console encombrée de cornets de Chine et de verres de Venise, tant il choisissait avec circonspection la place de ses pas. Quant à son caractère, il était peu stoïque ; et il montrait pour la nourriture un penchant qu'eût réprouvé son patron. Enjolras, le sobre et pur jeune homme, lui eût dit sans doute, comme l'ange à Swedenborg: "Tu manges trop!" On favorisa cette gloutonnerie amusante comme celle des singes gastronomes, et Enjolras atteignit une taille et un poids rares chez les félins domestiques. On eut l'idée de le raser à la façon des caniches, pour compléter sa physionomie de lion. On lui laissa la crinière et une longue floche de poils au bout de la queue. Nous ne jurerions pas qu'on ne lui eût même dessiné sur les cuisses des favoris en côtelettes comme en portait Munito. Accoutré ainsi, il ressemblait, il faut l'avouer, bien moins à un lion de l'Atlas ou du Cap qu'à une chimère japonaise. Jamais fantaisie plus extravagante ne fut taillée dans le corps d'un animal vivant. Son poil rasé de près laissait transparaître la peau, prenait des tons bleuâtres, les plus bizarres du monde, et contrastait étrangement avec le noir de sa crinière.

Gavroche était un chat à expression futée et narquoise, comme s'il eût tenu à rappeler son homonyme du roman. Plus petit qu'Enjolras, il avait une agilité brusque et comique, et remplaçait les calembours et l'argot du gamin de Paris par des sauts de carpe, des cabrioles et des postures bouffonnes. Nous devons avouer que, vu ses goûts populaires, Gavroche saisissait au vol l'occasion de quitter le salon et d'aller faire, dans la cour et même dans la rue, avec des chats errants,

De naissance quelconque et de sang peu prouvé,

des parties d'un goût douteux où il oubliait complètement sa dignité de chat de la Havane, fils de l'illustre Don Pierrot de Navarre, grand d'Espagne de première classe, et de la marquise Doña Séraphita, aux manières aristocratiques et dédaigneuses. Quelquefois il amenait à son assiette de pâtée, pour leur faire fête, des camarades étiques, anatomisés par la famine, n'ayant que le poil sur les os, qu'il avait ramassés dans ses vagabondages et ses écoles buissonnières, car il était bon prince. Les pauvres hères, les oreilles couchées, la queue entre les jambes, le regard de côté, craignant d'être interrompus dans leur franche lippée par le balai d'une chambrière, avalaient les morceaux doubles, triples et quadruples; et, comme le fameux chien *Siete Aguas* (sept eaux) des *posadas* espagnoles, rendaient l'assiette aussi propre que si elle avait été lavée et écurée par une ménagère hollandaise ayant servi de modèle à Mieris ou à Gérard Dow. En voyant les compagnons de Gavroche, cette phrase, qui illustre un dessin de Gavarni, nous revenait naturellement en mémoire: "Ils sont jolis les amis dont vous êtes susceptible d'aller avec!" Mais cela ne prouvait que le bon cœur de Gavroche, qui aurait pu tout manger à lui seul.

La chatte qui portait le nom de l'intéressante Éponine avait des formes plus sveltes et plus délicates que ses frères. Son museau un peu allongé, ses yeux légèrement obliqués à la chinoise et d'un vert pareil à celui des yeux de Pallas-Athênê à laquelle Homère donne invariablement l'épithète γλαυκῶπις, son nez d'un noir velouté ayant le grain d'une fine truffe de Périgord, ses moustaches d'une mobilité perpétuelle, lui composaient un masque d'une expression toute particulière. Son poil, d'un noir superbe, frémissait toujours et se moirait d'ombres changeantes. Jamais bête ne fut plus sensible, plus nerveuse, plus électrique.

Quand on lui passait deux ou trois fois la main sur le dos, dans l'obscurité, des étincelles bleues jaillissaient de sa fourrure, en pétillant. Éponine s'attacha particulièrement à nous comme l'Éponine du roman à Marius; mais, moins préoccupé de Cosette que ce beau jeune homme, nous acceptâmes la passion de cette chatte tendre et dévouée, qui est encore la compagne assidue de nos travaux et l'agrément de notre ermitage aux confins de la banlieue. Elle accourt au coup de sonnette, accueille les visiteurs, les conduit au salon, les fait asseoir, leur parle—oui, leur parle —avec des ramages, des murmures, de petits cris qui ne ressemblent pas au langage que les chats emploient entre eux, et simulent la parole *articulée* des hommes. Que dit-elle? elle dit de la manière la plus intelligible: "Ne vous impatientez pas, regardez les tableaux ou causez avec moi, si je vous amuse; Monsieur va descendre." A notre entrée, elle se retire discrètement sur un fauteuil ou sur l'angle du piano et écoute la conversation, sans s'y mêler, comme un animal de bon goût et qui sait son monde.

La gentille Éponine a donné tant de preuves d'intelligence, de bon caractère et de sociabilité, qu'elle a été élevée d'un commun accord à la dignité de *personne*, car une raison supérieure à l'instinct la gouverne évidemment. Cette dignité lui confère le droit de manger à table comme une personne et non dans un coin, à terre, sur une soucoupe, comme une bête. Éponine a donc sa chaise à côté de nous au déjeuner et au dîner; mais, vu sa taille, on lui a concédé de poser sur le bord de la table ses deux pattes de devant. Elle a son couvert, sans fourchette ni cuiller, mais avec son verre; elle suit tout le dîner plat par plat, depuis la soupe jusqu'au dessert, attendant son tour d'être servie et se comportant avec une décence et une sagesse qu'on souhaiterait à beaucoup d'enfants. Au premier tintement de cloche elle arrive; et quand on entre dans la salle à manger on la trouve déjà à son poste, debout sur sa chaise et les pattes appuyées au rebord de la nappe, qui vous présente son petit front à baiser, comme une demoiselle bien élevée et d'une politesse affectueuse envers les parents et les gens âgés.

On trouve des pailles au diamant, des taches au soleil, des ombres légères à la perfection même. Éponine, il faut l'avouer, a un goût passionné pour le poisson; ce goût lui est commun avec tous les chats. Contrairement au proverbe latin:

Catus amat pisces, sed non vult tingere plantas,

elle tremperait volontiers sa patte dans l'eau pour en retirer une ablette, un carpillon ou une truite. Le poisson lui cause une espèce de délire, et, comme les enfants qu'enivre l'espoir du dessert, quelquefois elle rechigne à manger sa soupe, quand les notes préalables qu'elle a prises à la cuisine lui font savoir que la marée est arrivée, et que Vatel n'a aucune raison de se passer son épée à travers le corps. Alors on ne la sert pas, et on lui dit d'un air froid: "Mademoiselle, une *personne* qui n'a pas faim pour la soupe ne doit pas avoir faim pour le poisson," et le plat lui passe impitoyablement sous le nez. Bien convaincue que la chose est sérieuse, la gourmande Éponine avale son potage en toute hâte, lèche la dernière goutte de bouillon, nettoie la moindre miette de pain ou de pâte d'Italie, puis elle se retourne vers nous et nous regarde d'un air fier, comme quelqu'un qui est désormais sans reproche, ayant accompli consciencieusement son devoir. On lui délivre sa part, qu'elle expédie avec les signes d'une satisfaction extrême; puis, ayant tâté de tous les plats, elle termine en buvant le tiers d'un verre d'eau.

Quand nous avons quelques personnes à dîner, Éponine, sans avoir vu les convives, sait qu'il y aura du monde ce soir-là. Elle regarde à sa place, et, s'il y a près de son assiette couteau, cuiller et fourchette, elle décampe aussitôt et va se poser sur un tabouret de piano, qui est son refuge en ces occasions. Ceux qui refusent le raisonnement aux bêtes expliqueront, s'ils le peuvent, ce petit fait, si simple en apparence, et qui renferme tout un monde d'inductions. De la présence près de son couvert de ces ustensiles que l'homme seul peut employer, la chatte observatrice et judicieuse déduit qu'il faut céder, ce jour-là, sa place à un convive, et elle se hâte de le faire. Jamais elle ne se trompe. Seulement, quand l'hôte lui est familier, elle grimpe sur les genoux du survenant, et tâche d'attraper quelque bon lopin, par sa grâce et ses caresses.

Mais en voilà assez; il ne faut pas ennuyer ses lecteurs. Les histoires de chats sont moins sympathiques que les histoires de chiens, mais cependant nous croyons devoir raconter la fin d'Enjolras et de Gavroche. Il y a dans le rudiment une règle ainsi conçue: "*Sua eum perdidit ambitio*"—on peut dire d'Enjolras: "*sua eum perdidit pinguetudo,*" son embonpoint fut la cause de sa perte. Il fut tué par d'imbéciles amateurs de civet. Mais ses meurtriers périrent dans l'année de la façon la plus malheureuse. La mort d'un chat noir, bête éminemment cabalistique, est toujours vengée.

Gavroche, pris d'un frénétique amour de liberté ou plutôt d'un vertige soudain, sauta un jour par la fenêtre, traversa la rue, franchit la palissade du parc Saint-James qui fait face à notre maison, et disparut. Quelques recherches qu'on ait faites, on n'a jamais pu en avoir de nouvelles ; une ombre mystérieuse plane sur sa destinée. Il ne reste donc de la dynastie noire qu'Éponine, toujours fidèle à son maître et devenue tout à fait une chatte de lettres.

Elle a pour compagnon un magnifique chat angora, d'une robe argentée et grise qui rappelle la porcelaine chinoise truitée, nommé Zizi, dit *"Trop beau pour rien faire."* Cette belle bête vit dans une sorte de *kief* contemplatif, comme un thériaki pendant sa période d'ivresse. On songe, en le voyant, aux *Extases de M. Hochenez*. Zizi est passionné pour la musique ; non content d'en écouter, il en fait lui-même. Quelquefois, pendant la nuit, lorsque tout dort, une mélodie étrange, fantastique, qu'envieraient les Kreisler et les musiciens de l'avenir, éclate dans le silence : c'est Zizi qui se promène sur le clavier du piano resté ouvert étonné, et ravi d'entendre les touches chanter sous ses pas.

Il serait injuste de ne pas rattacher à cette branche Cléopatre, fille d'Éponine, charmante bête que son caractère timide empêche de se produire dans le monde. Elle est d'un noir fauve comme Mummia, la velue compagne d'Atta-Croll, et ses yeux verts ressemblent à deux énormes pierres d'aigue-marine ; elle se tient habituellement sur trois pattes, la quatrième repliée en l'air, comme un lion classique qui aurait perdu sa boule de marbre.

Telle est la chronique de la dynastie noire. Enjolras, Gavroche, Éponine, nous rappellent les créations d'un maître aimé. Seulement, lorsque nous relisons *Les Misérables*, il nous semble que les principaux rôles du roman sont remplis par des chats noirs, ce qui pour nous n'en diminue nullement l'intérêt.

IV

COTÉ DES CHIENS

On nous a souvent accusé de ne pas aimer les chiens. C'est là une imputation qui, au premier abord, n'a pas l'air bien grave, mais dont nous tenons cependant à nous justifier, car elle implique une certaine défaveur. Ceux qui préfèrent les chats passent aux yeux de beaucoup de gens pour faux, voluptueux et cruels, tandis que les amis des chiens sont présumés avoir un caractère franc, loyal, ouvert, doué enfin de toutes les qualités qu'on attribue à la gent canine. Nous ne contestons nullement le mérite de Médor, de Turc, de Miraut et autres aimables bêtes, et nous sommes prêt à reconnaître la vérité de l'axiome formulé par Charlet: "Ce qu'il y a de mieux dans l'homme, c'est le chien." Nous en avons possédé plusieurs, nous en avons encore, et si les dépréciateurs venaient à la maison, ils seraient accueillis par les aboiements grêles et furieux d'un bichon de la Havane et d'un lévrier qui leur mordraient peut-être les jambes. Mais notre affection pour les chiens est mélangée d'un sentiment de peur. Ces excellentes bêtes si bonnes, si fidèles, si dévouées, si aimantes, peuvent à un moment donné avoir la rage, et elles deviennent alors plus dangereuses que la vipère trigonocéphale, l'aspic, le serpent à sonnettes et le cobra-capello; et cela nous modère un peu dans nos épanchements. Nous trouvons aussi les chiens un peu inquiétants;

ils ont des regards si profonds, si intenses; ils se posent devant vous avec un air si interrogateur, qu'ils vous embarrassent. Gœthe n'aimait pas ce regard qui semble vouloir s'assimiler l'âme de l'homme, et il chassait l'animal en lui disant: "Tu as beau faire, tu n'avaleras pas ma monade."

Le Pharamond de notre dynastie canine se nommait Luther; c'était un grand épagneul blanc, moucheté de roux, bien coiffé d'oreilles brunes, chien d'arrêt perdu, qui, après avoir longtemps cherché ses maîtres, s'était acclimaté chez nos parents demeurant alors à Passy. Faute de perdrix, il s'était adonné à la chasse aux rats, où il réussissait comme un terrier d'Écosse. Nous habitions alors une chambrette dans cette impasse du Doyenné, disparue aujourd'hui, où Gérard de Nerval, Arsène Houssaye et Camille Rogier formaient le centre d'une petite bohème pittoresque et littéraire dont la vie excentrique a été trop bien contée ailleurs pour qu'il soit besoin d'y revenir. On était là, en plein Carrousel, aussi libres, aussi solitaires que dans une île déserte de l'Océanie, à l'ombre du Louvre, parmi les blocs de pierre et les orties, près d'une vieille église en ruine, dont la voûte effondrée prenait au clair de lune un aspect romantique. Luther, avec qui nous avions les relations les plus amicales, nous voyant définitivement sorti du nid paternel, s'était tracé le devoir de venir nous visiter chaque matin. Il partait de Passy, quelque temps qu'il fît; il suivait le quai de Billy, le Cours-la-Reine, et arrivait vers les huit heures, au moment de notre réveil. Il grattait à la porte, on lui ouvrait, il se précipitait vers nous avec un jappement joyeux, posait les pattes sur nos genoux, recevait les caresses que sa belle conduite méritait, d'un air modeste et simple, faisait le tour de la chambre comme s'il passait son inspection, puis il repartait. De retour à Passy, il se présentait devant notre mère, frétillait de la queue, poussait quelques petits abois, et disait aussi clairement que s'il eût parlé: "J'ai vu le jeune maître, sois tranquille, il va bien." Ayant ainsi rendu compte à qui de droit de la mission qu'il s'était imposée, il lappait la moitié d'un bol d'eau, mangeait sa pâtée et s'allongeait sur le tapis près du fauteuil de maman, pour laquelle il avait une affection particulière, et par une heure ou deux de sommeil se reposait de la longue course qu'il venait de faire. Ceux qui disent que les bêtes ne pensent pas et sont incapables d'enchaîner deux idées, comment expliqueront-ils cette visite matinale qui maintenait les relations de la famille et donnait au nid des nouvelles de l'oiseau récemment échappé?

Le pauvre Luther finit malheureusement; il devint taciturne, morose, et un beau matin il se sauva de la maison: se sentant atteint de la rage et ne voulant pas mordre ses maîtres, il prit la fuite; et tout nous porte à croire qu'il fut abattu comme hydrophobe, car on ne le revit jamais.

Après un interrègne assez considérable, un nouveau chien fut installé à la maison; il s'appelait Zamore; c'était une espèce d'épagneul, de race fort mêlée, de petite taille, noir de pelage, excepté quelques taches couleur feu au-dessus des sourcils, et quelques tons fauves sous le ventre. En somme: physique insignifiant, et plutôt laid que beau. Mais au moral, c'était un chien singulier. Il avait pour les femmes le dédain le plus absolu, ne leur obéissait pas, refusait de les suivre, et jamais ni notre mère ni nos sœurs ne parvinrent à en obtenir le moindre signe d'amitié ou de déférence; il acceptait d'un air digne les soins et les bons morceaux, mais ne remerciait pas. Pour elles, aucun jappement, aucun tambourinage de queue sur le parquet, aucune de ces caresses dont les chiens sont prodigues. Impassible, il restait accroupi dans une pose de sphinx, comme un personnage grave qui ne veut pas se mêler à des conversations d'êtres frivoles. Le maître qu'il s'était choisi était notre père, chez qui il reconnaissait l'autorité de chef de famille, d'homme mûr et sérieux. Mais c'était une tendresse austère et stoïque, qui ne se traduisait pas par des folâtreries, des badinages et des coups de langue. Seulement il avait toujours les yeux fixés sur son maître, tournait la tête à tous ses mouvements, et le suivait partout, le nez au talon, sans se permettre la moindre escapade, le moindre salut aux camarades qui passaient. Notre cher et regretté père était un grand pêcheur devant le Seigneur, et il prit plus de barbillons que Nemrod n'attrapa d'antilopes. Avec lui on ne pouvait dire, certes, que la ligne était un instrument commençant par un asticot et finissant par un imbécile, car il avait beaucoup d'esprit, ce qui ne l'empêchait pas de remplir chaque jour son panier de poisson. Zamore l'accompagnait à la pêche, et, pendant les longues séances nocturnes qu'exige la capture des pièces d'importance qui ne mordent qu'à la ligne de fond, il se tenait au bord extrême de l'eau, dont il semblait vouloir sonder la noire profondeur pour y suivre la proie. Quoique souvent il dressât l'oreille à ces mille bruits vagues et lointains qui, la nuit, se dégagent du silence le plus profond, il n'aboyait

pas, ayant compris que le mutisme est la qualité
indispensable d'un chien de pêcheur. Phœbé avait
beau lever à l'horizon son front d'albâtre réfléchi par
le miroir sombre de la rivière, Zamore ne hurlait pas
à la lune; et cependant ces ululations prolongées sont
un grand plaisir pour les animaux de son espèce.
Seulement, quand le grelot de la ligne tintait, il
regardait son maître et se permettait un court aboi,
sachant que la proie était prise, et il paraissait s'intéresser beaucoup aux manœuvres nécessaires pour
amener sur le bord un barbillon de trois ou quatre
livres.

Qui se serait douté que sous cet extérieur calme,
détaché, philosophique, dédaigneux de toute frivolité,
couvait une passion impérieuse et bizarre, insoupçon-
nable, et formant le plus complet écart avec le caractère apparent, physique et moral, de cette bête si
sérieuse qu'elle en était presque triste?

Eh quoi! allez-vous dire que cet honnête Zamore
avait des vices cachés: il était voleur? — Non. —
Libertin? — Non. — Il aimait les cerises à l'eau-de-
vie? — Non. — Il mordait? — Nullement. Zamore
avait la passion de la danse! C'était un artiste éperdu
de chorégraphie.

Sa vocation lui fut révélée de la façon suivante:
Un jour parut sur la place de Passy un âne grisâtre,
à l'échine pelée, aux oreilles énervées, une de ces
malheureuses bourriques de saltimbanque, que
Decamps et Fouquet savaient si bien peindre; deux
paniers, en équilibre sur le chapelet écorché de son
échine, contenaient une troupe de chiens savants
déguisés en marquis, en troubadours, en Turcs, en
bergères des Alpes ou en reines de Golconde, selon

le sexe. L'impresario mit les chiens par terre, fit claquer son fouet, et tous les acteurs quittèrent subitement la ligne horizontale pour la ligne perpendiculaire, se transformant de quadrupèdes en bipèdes. Le fifre et le tambourin se mirent à jouer, et le ballet commença.

Zamore, qui flânait gravement par là, s'arrêta émerveillé du spectacle. Ces chiens habillés de couleurs voyantes, galonnés de clinquant sur toutes les coutures, un chapeau à plumet ou un turban sur la tête, se mouvant en cadence sur des rhythmes entraînants avec une vague apparence de personnes humaines, lui semblaient des êtres surnaturels; ces pas si bien enchaînés, ces glissements, ces pirouettes, le ravirent mais ne le découragèrent pas. Comme Corrège à la vue d'un tableau de Raphaël, il s'écria en son langage canin : "Et moi aussi je suis peintre, *anch' io son pittore!*" et, saisi d'une noble émulation, quand la troupe passa devant lui formant la queue-du-loup, il se dressa, en titubant un peu, sur ses pattes de derrière, et voulut s'y joindre, au grand divertissement de l'assemblée.

L'impresario prit assez mal la chose, détacha un grand coup de fouet sur les reins de Zamore, qui fut chassé du cercle, comme on mettrait à la porte du théâtre un spectateur qui, pendant la représentation, s'aviserait de monter sur la scène et de se mêler au ballet.

Cette humiliation publique ne découragea pas la vocation de Zamore; il rentra, la queue basse et l'air rêveur, à la maison. Toute la journée, il fut plus concentré, plus taciturne, plus morose. Mais, la nuit, nos sœurs furent réveillées par un petit bruit d'une nature inexplicable qui venait d'une chambre voisine de la leur, qu'on n'habitait pas, et où couchait ordinairement Zamore sur un vieux fauteuil. Cela ressemblait à un trépignement rhythmique que le silence de la nuit rendait plus sonore. On crut d'abord à un bal de souris, mais le bruit des pas et des sauts sur le parquet était bien fort pour la gent trotte-menu. La plus brave de nos sœurs se leva, entr'ouvrit la porte, et que vit-elle à la faveur d'un rayon de lune plongeant par le carreau? Zamore debout, ramant dans l'air avec ses pattes de devant et travaillant, comme à la classe de danse, les pas qu'il avait admirés le matin dans la rue. Monsieur étudiait!

Ce ne fut pas là, comme on pourrait le croire, une impression fugitive, une fantaisie passagère. Zamore persista dans ses idées chorégraphiques et devint un beau danseur. Toutes les fois qu'il entendait le fifre et le tambourin, il courait sur la place, se glissait entre les jambes des spectateurs, et observait avec une attention profonde les chiens savants exécutant leurs exercices; mais, gardant le souvenir du coup de fouet, il ne se mêlait plus à leurs danses; il notait leurs pas, leurs poses et leurs grâces, et il les travaillait, la nuit, dans le silence du cabinet, sans jamais se départir, le jour, de son austérité d'attitude. Bientôt il ne lui suffit plus de copier, il inventa, il composa; et nous devons dire que, dans le genre noble, peu de chiens le surpassèrent. Nous allions souvent le voir par la porte entrebâillée; il mettait un tel feu à ses exercices, qu'il lappait, chaque nuit, la jatte d'eau posée au coin de la chambre.

Quand il se crut sûr de lui et l'égal des plus forts danseurs quadrupèdes, il sentit le besoin d'ôter le

boisseau de dessus la lumière et de faire connaître le
mystère de son talent. La cour de la maison était
fermée, d'un côté, par une grille assez large pour
permettre à des chiens d'embonpoint médiocre de
s'y introduire aisément. Un matin, quinze ou vingt
chiens de ses amis, fins connaisseurs sans doute, à
qui Zamore avait envoyé des lettres d'invitation pour
son début dans l'art chorégraphique, se trouvèrent
réunis autour d'un carré de terrain bien uni, que
l'artiste avait préalablement balayé avec sa queue; et
la représentation commença. Les chiens parurent
charmés et manifestèrent leur enthousiasme par des :
Ouah! ouah! ressemblant fort aux bravos des dilet-
tantes de l'Opéra. Sauf un vieux barbet assez crotté,
et de piteuse mine, un critique sans doute, qui aboya
quelque chose sur l'oubli des saines traditions, tous
proclamèrent que Zamore était le Vestris des chiens
et le *diou* de la danse. Notre artiste avait exécuté un
menuet, un pas de gigue et une valse à deux temps.
Bien des spectateurs bipèdes s'étaient joints aux
spectateurs à quatre pattes, et Zamore eut l'honneur
d'être applaudi par des mains humaines.

La danse était si bien passée dans ses habitudes,
que, quand il faisait la cour à quelque belle, il se
tenait debout, faisant des révérences, et les pieds en
dehors, comme un marquis de l'ancien régime; il ne lui
manquait que le claque fourré de plumes sous le bras.

Hors de là, il était atrabilaire comme un acteur
comique et ne se mêlait pas au mouvement de la
maison. Il ne se bougeait que lorsqu'il voyait son
maître prendre sa canne et son chapeau. Zamore
mourut d'une fièvre cérébrale, causée, sans doute,
par la surexcitation du travail qu'il s'était donné pour

apprendre la scotisch, alors dans toute sa vogue.
Sous sa tombe Zamore peut dire, comme la danseuse
grecque dans son épitaphe: "O terre, sois-moi légère,
j'ai si peu pesé sur toi."

Comment, avec des talents si distingués, Zamore
ne fut-il pas engagé dans la troupe de M. Corvi?
Nous étions déjà un critique assez influent pour lui
négocier cette affaire. Mais Zamore ne voulait pas
quitter son maître, et il sacrifia son amour-propre à
son affection, dévouement qu'il ne faut pas chercher
chez les hommes.

Le danseur fut remplacé par un chanteur nommé
Kobold, king-Charles de la plus pure race, venant
du célèbre chenil de lord Lauder. Rien de plus
chimérique que cette petite bête, à l'énorme front
bombé, aux gros yeux saillants, au museau cassé à sa
racine, aux longues oreilles traînant jusqu'à terre.
Transporté en France, Kobold, qui ne savait que
l'anglais, parut comme hébété. Il ne comprenait pas
les ordres qu'on lui donnait; dressé avec les *go on* et
les *come here*, il restait immobile aux *viens* et *va-t'en*
français: il lui fallut un an pour apprendre la langue
du nouveau pays où il se trouvait et pouvoir prendre
part à la conversation. Kobold était très sensible à
la musique et chantait lui-même de petites chansons
avec un fort accent anglais. On lui donnait le *la* au
piano, et il prenait le ton juste et modulait avec un
soupir flûté des phrases vraiment musicales et n'ayant
aucun rapport avec l'aboi ou le jappement. Quand
on voulait le faire recommencer, il suffisait de lui
dire: "*Sing a little more*," et il reprenait sa cadence.
Nourri le plus délicatement du monde, avec tout le
soin qu'on devait naturellement prendre d'un ténor

et d'un gentleman de cette distinction, Kobold avait
un goût bizarre: il mangeait de la terre comme un
sauvage de l'Amérique du Sud; on ne put lui faire
perdre cette habitude qui lui causa une obstruction
dont il mourut. Il avait le goût des grooms, des
chevaux, de l'écurie, et nos poneys n'eurent pas de
camarade plus assidu que lui. Il passait son temps
entre la box et le piano.

De Kobold, le king-Charles, on passe à Myrza,
petite bichonne de la Havane, qui eut l'honneur
d'appartenir quelque temps à la Giulia Grisi qui nous
la donna. Elle est blanche comme la neige, surtout
quand elle sort de son bain et n'a pas encore eu le
temps de se rouler dans la poussière, manie que
certains chiens partagent avec les oiseaux pulvérisa-
teurs. C'est une bête d'une extrême douceur, très
caressante, et qui n'a pas plus de fiel qu'une colombe;
rien de plus drôle que sa mine ébouriffée et son
masque composé de deux yeux pareils à des petits
clous de fauteuil et son petit nez qu'on prendrait pour
une truffe du Piémont. Des mèches, frisées comme
les peaux d'Astrakan, voltigent sur ce museau avec
des hasards pittoresques, lui bouchant tantôt un œil,
tantôt l'autre, ce qui lui donne la physionomie la plus
hétéroclite du monde en la faisant loucher comme un
caméléon.

Chez Myrza, la nature imite l'artificiel avec une
telle perfection que la petite bête semble sortir de la
devanture d'un marchand de joujoux. A la voir avec
son ruban bleu et son grelot d'argent, son poil
régulièrement frisé, on dirait un chien de carton, et,
quand elle aboie, on cherche si elle n'a pas un soufflet
sous les pattes.

Myrza, qui passe les trois quarts de son temps à dormir, dont, si on l'empaillait, la vie ne serait pas changée, et qui ne semble pas très spirituelle dans le commerce ordinaire, a cependant donné un jour une preuve d'intelligence telle, que nous n'en connaissons pas d'autre exemple. Bonnegrâce, l'auteur des portraits de Tchoumakoff et de M. E. H..., si remarqués aux expositions, nous avait apporté, pour en avoir notre avis, un de ces portraits peints à la manière de Pagnest, dont la couleur est si vraie et le relief si puissant. Quoique nous ayons vécu dans la plus profonde intimité avec les bêtes et que nous puissions citer cent traits ingénieux, rationnels, philosophiques, de chats, de chiens, d'oiseaux, nous devons avouer que le sens de l'art manque totalement aux animaux. Nous n'en avons jamais vu aucun s'apercevoir d'un tableau, et l'anecdote sur les oiseaux becquetant les raisins peints par Zeuxis nous paraissait controuvée. Ce qui distingue l'homme de la brute, c'est précisément le sens de l'art et de l'ornement. Aucun chien ne regarde une peinture et ne se met de boucles d'oreilles. Eh bien, Myrza, à la vue du portrait dressé contre le mur par Bonnegrâce, s'élança du tabouret sur lequel elle était roulée en boule, s'approcha de la toile et se mit à aboyer avec fureur, essayant de mordre cet inconnu qui s'était ainsi introduit dans la chambre. Sa surprise parut extrême lorsqu'elle fut forcée de reconnaître qu'elle avait affaire à une surface plane, que ses dents ne pouvaient saisir, et que ce n'était là qu'une trompeuse apparence. Elle flaira la peinture, essaya de passer derrière le cadre, nous regarda tous deux avec une interrogation étonnée et retourna à sa place, où elle se rendormit dédaigneusement, ne s'occupant plus de ce monsieur peint. Les traits de Myrza ne seront pas perdus pour la postérité : il existe d'elle-même un beau portrait de M. Victor Madarasz, artiste hongrois.

Terminons par l'histoire de Dash. Un jour, un marchand de verres cassés passa devant notre porte, demandant des morceaux de vitre et des tessons de bouteille. Il avait dans sa voiture un jeune chien de trois ou quatre mois, qu'on l'avait chargé d'aller noyer, ce qui faisait de la peine à ce brave homme, que l'animal regardait d'un air tendre et suppliant comme s'il eût compris de quoi il s'agissait. La cause de l'arrêt sévère porté contre la pauvre bête était qu'il avait une patte de devant brisée. Une pitié s'émut dans notre cœur, et nous prîmes le condamné à mort. Un vétérinaire fut appelé. On entoura la patte de Dash d'attelles et de bandes ; mais il fut impossible de l'empêcher de ronger l'appareil, et il ne guérit pas : sa patte, dont les os ne s'étaient pas rejoints, resta flottante comme une manche d'amputé dont le bras est absent ; mais cette infirmité n'empêcha pas Dash d'être gai, alerte et vivace. Il courait encore assez vite sur ses trois bons membres.

C'était un pur chien des rues, un roquet *grediné* dont Buffon lui-même eût été fort embarrassé de démêler la race. Il était laid, mais avec une physionomie grimacière, étincelante d'esprit. Il semblait comprendre ce qu'on lui disait, changeant d'expression selon que les mots qu'on lui adressait, sur le même ton, étaient injurieux ou flatteurs. Il roulait les yeux, retroussait les babines, se livrait à des tics nerveux désordonnés, ou riait en montrant ses dents blanches, et il arrivait ainsi à de hauts effets comiques dont il avait conscience. Souvent il essayait de parler. La patte posée sur notre genou, il fixait sur nous son regard intense et commençait une série de murmures, de soupirs, de grognements, d'intonations si variées qu'il était difficile de n'y pas voir un langage. Quelquefois, à travers cette conversation, Dash lançait un jappement, un éclat de voix;—alors nous lui jetions un coup d'œil sévère et nous lui disions: "Cela c'est aboyer, ce n'est pas parler; est-ce que par hasard vous seriez un animal?" Dash, humilié de cette insinuation, reprenait ses vocalises, auxquelles il donnait l'expression la plus pathétique. On disait alors que Dash racontait ses malheurs. Dash raffolait du sucre. Au dessert, il paraissait à l'instant du café, réclamant de chaque convive un morceau avec une insistance toujours couronnée de succès. Il avait fini par transformer ce don bénévole en impôt régulier qu'il prélevait rigoureusement. Ce roquet, dans un corps de Thersite, avait une âme d'Achille. Infirme comme il l'était, il attaquait, avec la folie du courage héroïque, des chiens dix fois gros comme lui, et se faisait affreusement rouler. Comme Don Quichotte, le brave chevalier de la Manche, il avait des sorties triomphantes et des rentrées piteuses. Hélas! il devait être victime de son courage. Il y a quelques mois on le rapporta, les reins cassés par un terreneuve, aimable bête qui le lendemain brisa l'échine à une levrette. La mort de Dash fut suivie de toute sorte de catastrophes: la maîtresse de la maison où il avait reçu le coup qui termina son existence fut, quelques jours après, brûlée vive dans son lit, et son mari eut le même sort en voulant la sauver. C'était coïncidence fatale et non expiation, car c'étaient les meilleures gens du monde, aimant les animaux comme des Brahmes et purs du trépas malheureux de notre pauvre Dash.

Nous avons bien un autre chien qui s'appelle Néro. Mais il est trop récent encore pour avoir une histoire.

Dans le prochain chapitre nous ferons la chronique des caméléons, des lézards, des pies et autres bestioles qui ont vécu dans notre ménagerie intime.

N.B. Hélas! Néro est mort empoisonné tout récemment comme s'il avait soupé chez les Borgia; et l'épitaphe s'inscrit au premier chapitre de la vie.

V

CAMÉLÉONS, LÉZARDS ET PIES

Nous étions à Puerto de Santa-Maria, dans la baie de Cadix, un petit village qui semble taillé dans des pains de blanc d'Espagne, entre l'indigo de la mer et le lapis-lazuli du ciel. Il était midi, et ce jour-là il faisait si chaud que le soleil paraissait s'amuser à verser des cuillerées de plomb fondu sur la tête des voyageurs, comme la garnison d'une forteresse de l'huile bouillante et de la poix par les baies des moucharabys sur les casques des assiégeants. Ce petit port si pittoresque est illustré par la chanson célèbre en patois andalou de Murillo Bravo, *Los Toros de Puerto*, où le batelier galant dit à la senora qui s'embarque : "*Lleve Vd la patita*," et nous en fredonnions le refrain d'une voix aussi fausse en espagnol qu'en français, tout en suivant la ligne bleue, étroite comme une lisière de drap, que l'ombre tirait au pied des murs. Il y avait marché, et c'était sur la place un étalage de denrées exotiques et violentes d'une furie de couleurs à ravir Ziem. Des guirlandes de piments écarlates se balançaient au-dessus de pastèques d'un vert prasin, dont quelques-unes éventrées laissaient voir leur pulpe rose tigrée de points noirs comme un coquillage de la mer du Sud. Des grappes de raisin à gros grains d'ambre, rappelant les chapelets turcs pour la blonde transparence, contrastaient avec des raisins bleus, ou couleur d'améthyste à reflets de pourpre. Les garbanzos arrondissaient dans les *couffas* de sparterie leurs globules d'or pâle, et les grenades, crevant leur écorce, montraient leur écrin de rubis. Les marchandes avec leurs fichus rouges ou jonquilles, leur jupe de soie noire, les pieds nus dans des chaussons de satin—et quels pieds! grands à peine comme des biscuits à la cuiller!—leur éventail de papier contre l'oreille, en guise de parasol, se tenaient fièrement campées près de leurs légumes, babillant avec la gracieuse volubilité andalouse. Des *majos* passaient, appuyés sur la fourchette de leurs bâtons blancs, la veste à l'épaule, la *faja* de soie, venant de Gibraltar, sanglée sur le gilet depuis les hanches jusqu'à l'aisselle, la culotte de tricot ouverte au genou, et les bottes en cuir de Ronda déboutonnées de la cheville au jarret, ce qui est le suprême du genre, lançant des œillades et serrant entre leur pouce et leur index leurs cigarettes de papel de Alcoy. C'était un de ces effets d'aveuglante lumière méridionale qui feraient taxer de fausseté le peintre qui les rendrait dans leur vérité crue.

Contre cette averse de feu nous allâmes chercher refuge dans le *patio* de l'auberge de *Los tres Reyes moros*: un patio, comme on sait, est une cour intérieure, entourée d'arcades, rappelant tout à fait, pour la disposition, l'impluvium antique. On la couvre, à hauteur du toit, d'un *velarium*, nommé tendido, fait d'une toile rayée de couleurs vives et qu'on arrose pour plus de fraîcheur. Au milieu du patio, dans une vasque de marbre, grésille le mince filet d'un jet d'eau retombant en pluie fine sur des caisses de myrthes, de grenadiers, de lauriers-roses, rangées autour du bassin. Sous les arcades sont disséminés des canapés

de crin, des chaises de jonc; des guitares, accrochées
au mur, font briller dans l'ombre leur ventre luisant,
illuminé de quelque vague reflet, près du disque
tanné des panderos.

On retrouve ces patios dans les maisons moresques
de l'Algérie, et rien ne saurait être mieux imaginé
contre la chaleur. L'usage en vint des Arabes aux
Espagnols, et dans beaucoup de logis on voit encore
aux chapiteaux des colonnettes des versets du Coran,
glorifiant Allah ou quelque calife dès longtemps
rejeté en Afrique.

Après avoir vidé une alcarraza d'eau fraîche, nous
nous retirâmes, pour faire un bout de sieste, dans une
des chambres qui s'ouvrent sur le patio. Avant de
se fermer, nos yeux erraient au plafond de cette salle
basse, lequel, comme tous les plafonds espagnols,
était blanchi à la chaux, et orné à son centre d'une
rosace composée de quartiers rouges, noirs et jaunes,
comme les côtes d'une balle. Du milieu de cette
rosace pendait une ficelle ou un cordon, sans doute
l'attache d'une lampe, mais le long de cette ficelle
se mouvait constamment un objet que nous avions de
la peine à définir. Nous ajustâmes notre lorgnon sous
notre arcade sourcilière, et nous vîmes que ce qui
montait avec tant de peine, après le cordon du plafond,
était une espèce de lézard d'un jaune grisâtre et d'une
configuration assez monstrueuse, rappelant en petit
les formes des grands sauriens disparus de l'époque
antédiluvienne.

La fille d'auberge consultée, Pepa, Lola, Casilda—
nous ne savons plus le nom bien au juste, mais soyez
sûr que la fille était charmante—nous dit que c'était
"un caméléon."

Lola, prenant en pitié notre ignorance et voulant mettre en relief son savoir zoologique, nous dit d'un petit air capable: "Ces bêtes changent de couleur selon l'endroit où elles se trouvent, et elles vivent d'air (*se mantienen de ayre*)."

Pendant ce court entretien, les caméléons (il y en avait deux) continuaient leur ascension le long de la ficelle. On ne saurait rien imaginer de plus comique. Le caméléon, il faut l'avouer, n'est pas beau; et quoique la nature, dit-on, fasse bien tout ce qu'elle fait, en s'appliquant un peu, il nous semble qu'elle eût aisément pu produire un animal plus joli. Mais, comme tous les grands artistes, la nature a ses fantaisies, et elle s'amuse parfois à modeler des grotesques. Les yeux du caméléon, presque entièrement sortis de la tête comme ceux du crapaud, sont ajustés dans des espèces de capsules extérieures et jouissent d'une complète indépendance de mouvement. L'un regarde à gauche, tandis que l'autre regarde à droite; une prunelle se dirige vers le plafond, l'autre vers le plancher, avec une variété de strabismes qui donnent à l'animal les physionomies les plus étranges. Une poche en manière de goître s'étend sous la mâchoire et prête à la pauvre bête un air de satisfaction orgueilleuse et de rengorgement stupide dont elle est bien innocente. Ses pattes, gauchement coudées, font des saillies anguleuses au-dessus de la ligne dorsale et se meuvent avec des efforts disgracieux et détraqués.

Un des caméléons était arrivé tout au haut de la corde, au centre de la rosace, et tâtait le plafond d'une de ses pattes de devant, pour voir s'il offrait quelque possibilité d'adhérence et partant quelque moyen de fuite.

En faisant cet essai, recommencé pour la centième

fois peut-être, il louchait d'une façon désespérée et
touchante, demandait aide à la terre et au ciel; puis,
voyant qu'il n'y avait nulle issue de ce côté, il se mit
à descendre d'un air triste, piteux, résigné, emblème
du travail inutile, Sisyphe de la fatigue perdue; à
mi-chemin, les deux bêtes se rencontrèrent, se
lancèrent des œillades amicales peut-être, mais effroy-
ables par leur divergence, et ce fut pendant quelques
minutes une sorte de nodosité hideuse sur la ligne
perpendiculaire de la ficelle.

Le groupe se débrouilla après les contorsions les
plus bouffonnes, et chaque caméléon continua sa
route; celui qui descendait, parvenu au bout de son
fil de suspension, allongea une patte de derrière,
sondant le vide avec précaution, et, ne trouvant aucun
point d'appui, la ramena d'un mouvement découragé,
dont il faut renoncer à peindre la navrante et burlesque
mélancolie. Par un de ces rapprochements d'idées
dont la liaison n'est pas apparente, mais que l'esprit
conçoit sans l'exprimer, ces caméléons nous firent
songer à une des plus sinistres aqua-tintes de Goya,
représentant des spectres essayant de soulever avec
leurs faibles bras d'ombre de lourdes pierres tombales
qui se referment sur eux en les écrasant. Lutte
sans proportion de la faiblesse contre la destinée.

Pour délivrer ces pauvres animaux de leur supplice
nous les achetâmes un *duro* pièce; et, commodément
installés dans une cage assez vaste, ils furent dispensés
désormais de ces exercices acrobatiques qui semblaient
leur déplaire beaucoup. Quant à la question de leur
nourriture, quelque confiance que nous ayons dans
la frugalité méridionale, ces repas d'air nous parais-
saient à juste titre insuffisants. Si un amoureux

espagnol déjeune d'un verre d'eau, dîne d'une cigarette et soupe d'un air de mandoline, comme le valeureux Don Sanche, les caméléons n'ont pas de ces délicatesses, et ils mangent des mouches qu'ils attrapent d'une façon singulière, en dardant du fond de leur gorge une longue lance, couverte d'une bave visqueuse, qui colle les ailes de l'insecte et en se retirant le ramène dans le gosier.

Les caméléons changent-ils véritablement de couleur selon le milieu où ils se trouvent? Non pas, dans le sens absolu du mot; mais leur peau semée de grains à facettes boit plus facilement les reflets des couleurs environnantes qu'un autre corps. Placés près d'un objet jaune, rouge ou vert, les caméléons semblent se pénétrer de cette teinte, mais ce n'est après tout qu'un effet de réfraction; un métal poli se colorerait de même. Il n'y a pas imbibition réelle. En son état naturel le caméléon est d'un gris jaunâtre ou verdâtre. Cependant, on peut dire, quand on a un peu l'amour du merveilleux, qu'il change de nuance à volonté; ce qui en fait un emblème de versatilité politique, quoique nous osions prendre sur nous de dire qu'après de minutieuses observations, longtemps prolongées, le caméléon nous ait paru d'une complète indifférence en matière de gouvernement.

Nous voulions ramener nos caméléons en France; mais la saison s'avançait, et à mesure que nous remontions du midi vers le nord, en suivant cette côte, pourtant bien chauffée encore aux rayons du soleil, qui s'étend de Tarifa à Port-Vendres, en passant par Gibraltar, Malaga, Alicante, Almeria, Valence, Barcelone, les pauvres bêtes dépérissaient à vue d'œil. Leurs yeux, détachés par la maigreur, leur jaillissaient de plus en plus de la tête. Ils louchaient chaque jour davantage, et sous leur peau vague et flasque leur petit squelette se dessinait de station en station, plus visible. C'était vraiment un spectacle attendrissant que ces lézards poitrinaires, se traînant d'un air macabre et n'ayant plus la force d'allonger leur langue gluante vers les mouches que nous allions leur chercher à la cuisine du navire. Ils moururent à quelques jours l'un de l'autre ; et la bleue Méditerranée fut leur tombeau.

Des caméléons aux lézards, la transition est facile. Notre plus jeune fille reçut en cadeau un lézard pris à Fontainebleau, qui s'attacha fort à elle. Jacques était du plus beau vert Véronèse qu'on puisse imaginer ; il avait l'œil vif, les écailles imbriquées avec une régularité parfaite, et des mouvements d'une agilité sans pareille. Jamais il ne quittait sa maîtresse et il se tenait habituellement caché dans une torsade de cheveux près de son peigne. Niché ainsi, il allait avec elle au spectacle, à la promenade, en soirée, ne trahissant jamais sa présence. Seulement quand la jeune fille jouait du piano il quittait son poste, lui descendait sur les épaules, s'avançait le long des bras, plutôt vers la main droite qui fait le chant que vers la main gauche qui fait l'accompagnement, témoignant ainsi de sa préférence pour la mélodie au détriment de l'harmonie.

Jacques habitait une boîte de verre garnie de mousse, qui avait autrefois contenu des cigares russes de la maison Eliseïeph. Le mur de sa vie privée était donc bien transparent. Sa nourriture consistait en gouttes de lait qu'il venait lécher au bout du doigt de sa maîtresse. Il se laissa mourir de faim et de chagrin, pendant une absence de la jeune fille, qui n'avait osé l'emporter en voyage, vu la rigueur de la saison.

Le moineau Babylas ne fit que passer. Un coup de griffe sous l'aile termina son destin, et il eut pour cercueil une boîte à domino.

Reste à décrire Margot la pie, commère spirituelle et bavarde, digne de manger du fromage blanc dans une cage d'osier, à la fenêtre d'un concierge. Nous eûmes beau lui donner des répétiteurs pour les langues mortes, on ne put jamais lui faire prononcer correctement le bonjour latin des pies pompéiennes. Elle ne disait pas *Ave*, mais elle disait autre chose. C'était un oiseau facétieux et bouffon qui jouait à cache-cache avec les enfants, dansait la pyrrhique, attaquait résolûment les chats, et courait après eux pour leur pincer la queue par derrière, malice dont elle semblait rire aux éclats. Elle était voleuse comme la *Gazza ladra* elle-même, et capable de faire pendre dix servantes de Palaiseau sur de faux soupçons. En un clin d'œil elle dévalisait une table de fourchettes, de cuillères, de couteaux. Elle prenait l'argent, les ciseaux, les dés, tout ce qui brillait, et, partant d'un vol brusque, elle portait cela à sa cachette. Comme on connaissait l'endroit où elle allait déposer ses vols, on la laissait faire; mais un jour elle fut tuée par des domestiques d'une maison voisine, qui l'accusèrent d'avoir volé "une paire de draps toute neuve." Cela ressemblait un peu au petit chat du *Moyen de parvenir*, qui avait mangé les quatre livres de beurre, et qui pesait trois quarterons. Les maîtres n'en crurent pas un mot et mirent ces drôles à la porte; mais dame Margot n'en eut pas moins le col tordu. Elle fut regrettée de tout le voisinage, qu'elle égayait de sa bonne humeur et de ses lazzis.

VI

CHEVAUX

En voyant ce titre, qu'on ne se hâte pas de nous accuser de dandysme. Chevaux! ce mot sonne bien glorieusement sous la plume d'un littérateur. *Musa pedestris*, la Muse va à pied, dit Horace; et tout le Parnasse n'a qu'un cheval dans son écurie—Pégase! encore est-ce un quadrupède qui a des ailes et n'est pas du tout commode à atteler, s'il faut en croire la ballade de Schiller. Nous ne sommes pas un sports-man, hélas! et nous le regrettons fort, car nous aimons les chevaux comme si nous avions cinq cent mille livres de rente, et nous partageons l'avis des Arabes sur les piétons. Le cheval est le piédestal naturel de l'homme; et l'être complet est le centaure, si ingéni-eusement inventé par la mythologie.

Cependant, quoique nous ne soyons qu'un simple lettré, nous avons eu des chevaux. Vers 1843 ou 1844, il se rencontra dans le sable du journalisme, passé à l'écuelle de bois du feuilleton, assez de paillettes d'or pour espérer pouvoir nourrir, en dehors des chats, des chiens et des pies, deux autres bêtes un peu plus grosses. Nous eûmes d'abord deux ponies du Shet-land, grands comme des chiens, velus comme des ours, qui n'étaient que crinière et queue, et vous regardaient si amicalement, à travers leurs longues mèches noires, qu'on avait plutôt envie de les faire entrer au salon que de les envoyer à l'écurie. Ils

G.   4

venaient prendre le sucre dans les poches comme
des chevaux savants. Mais ils étaient décidément trop
petits. Ils eussent pu servir de chevaux de selle à des
babies anglais de huit ans, ou de carrossiers à Tom
Pouce; mais déjà nous jouissions de cette structure
athlétique et capitonnée d'assez d'embonpoint qui
nous caractérise et nous a permis de supporter, sans
trop ployer sous le faix, quarante ans de copie con-
sécutive; et la différence entre le maître et les bêtes
était vraiment trop grande à l'œil, quoique les ponies
noirs enlevassent d'un trot fort allègre le léger
phaéton auquel les attachaient des harnais mignons,
en cuir fauve, qui semblaient achetés chez le marchand
de joujoux.

Il n'y avait pas alors autant de journaux à illustra-
tions comiques qu'aujourd'hui, mais il en existait
cependant assez pour faire notre caricature et celle de
notre attelage; il est bien entendu qu'avec l'exagération permise à la charge on nous prêtait des formes
d'éléphant comme à Ganesa, le dieu indien de la
sagesse, et qu'on réduisait nos ponies à l'état de tou-
tous, de rats et de souris. Il est vrai que sans trop
d'effort nous eussions pu porter nos petites bêtes, une
sous chaque bras, et notre voiture sur le dos. Un
moment nous pensâmes à en atteler quatre; mais ce
four in hand lilliputien eût attiré encore davantage
l'attention. Nous les remplaçâmes donc, à notre
grand regret, car nous les avions déjà pris en amitié,
par deux ponies gris pommelé, d'une taille plus forte,
à cou robuste, à large poitrail, d'encolure ramassée,
bien loin sans doute d'être des mecklenbourgeois,
mais plus visiblement capables de nous traîner.
C'étaient deux juments: l'une s'appelait Jane et

l'autre Betsy. En apparence elles se ressemblaient
comme deux gouttes d'eau, et jamais attelage ne fut
mieux appareillé pour les yeux; mais autant Jane avait
de courage, autant Betsy était paresseuse. Tandis que
l'une tirait à plein collier, l'autre se contentait
d'accompagner, se ménageant et ne se donnant aucun
mal. Ces deux bêtes, de même race, de même âge,
destinées à vivre box à box, avaient l'une contre l'autre
la plus vive antipathie. Elles ne pouvaient se souffrir,
se battaient à l'écurie et se mordaient en se cabrant
dans leurs traits. On ne put les réconcilier. C'était
dommage, car avec leur crinière droite et coupée en
brosse comme celle des chevaux du Parthénon, leurs
narines frémissantes et leurs yeux dilatés de colère,
elles avaient, en descendant et en montant les Champs-
Élysées, une mine assez triomphante. Il fallut chercher une remplaçante à Betsy, et l'on amena une petite
jument d'une robe un peu plus claire, car on n'avait
pas pu assortir la nuance absolument juste. Jane
agréa tout de suite la nouvelle venue et parut charmée
de cette compagne, à laquelle elle fit les honneurs de
l'écurie avec beaucoup de grâce. La plus tendre
amitié ne tarda pas à s'établir entre elles. Jane posait
la tête sur le col de la Blanche—qu'on avait sur-
nommée ainsi parce que le gris de son poil tirait sur
le blanc—et quand on les laissait libres dans la
cour, après le pansage, elles jouaient ensemble comme
des chiens ou des enfants. Si l'une sortait, l'autre
qui restait à la maison semblait triste, donnait des
signes d'ennui, et, lorsque du plus loin elle entendait
sonner sur le pavé les pas de sa camarade, elle poussait
comme une fanfare un hennissement de joie auquel
l'amie, en approchant, ne manquait pas de répondre.

Elles se présentaient au harnais avec une docilité étonnante, et allaient se ranger d'elles-mêmes près du timon à la place assignée. Comme tous les animaux qu'on aime et qu'on traite bien, Jane et la Blanche devinrent bientôt de la familiarité la plus confiante; elles nous suivaient sans laisse comme le chien le mieux dressé, et, quand nous nous arrêtions, mettaient, pour se faire caresser, le museau sur notre épaule. Jane aimait le pain, la Blanche le sucre, toutes deux à la folie les écorces de melon; et, pour ces friandises, il n'est pas de tours qu'on n'en eût obtenus.

Si l'homme n'était pas odieusement féroce et brutal, comme il l'est trop souvent envers les bêtes, comme elles se rallieraient de bon cœur à lui! Cet être qui pense, parle et fait des actions dont le sens leur échappe, occupe leur pensée obscure; c'est pour elles un étonnement et un mystère. Souvent elles vous regardent avec des yeux pleins d'interrogations auxquelles on ne peut répondre, car on n'a pas encore trouvé la clef de leur langage. Elles en ont un pourtant qui leur sert à échanger, au moyen de quelques intonations que nous n'avons pas notées, des idées très sommaires, sans doute, mais enfin des idées, telles que peuvent les concevoir des animaux dans leur sphère de sentiment et d'action. Moins stupides que nous, les bêtes parviennent à comprendre quelques mots de notre idiome, mais pas en assez grand nombre pour causer avec nous. Ces mots se rapportent d'ailleurs à ce que nous exigeons d'elles, et l'entretien serait court. Mais que les animaux se parlent, cela est indubitable pour quiconque a vécu un peu familièrement avec des chiens ou chats, des chevaux ou toute autre bête.

Par exemple, Jane était naturellement intrépide, ne reculait devant aucun obstacle et ne s'effrayait de rien; après quelques mois de cohabitation avec la Blanche, elle changea de caractère et manifesta quelquefois des peurs soudaines et inexplicables. Sa compagne, beaucoup moins brave, lui racontait, la nuit, des histoires de revenants. Souvent, traversant aux heures sombres le bois de Boulogne, la Blanche s'arrêtait brusquement ou faisait un écart, comme si un fantôme, invisible pour nous, se dressait devant elle. Tous ses membres tremblaient, sa respiration devenait bruyante, son corps se couvrait instantanément de sueur; elle s'acculait sur ses jarrets si on voulait, avec le fouet, la déterminer à se porter en avant. L'effort de Jane, si vigoureuse pourtant, ne pouvait l'entraîner. Il fallait descendre, lui couvrir les yeux et la conduire à la main pendant quelques pas jusqu'à ce que la vision fût évanouie. Jane finit par se laisser gagner à ces terreurs, dont la Blanche, rentrée à l'écurie, lui révélait sans doute les motifs; et nous-mêmes, avouons-le franchement, lorsqu'au milieu d'une allée déchiquetée de clair et d'ombre par la lueur fantastique de la lune, la Blanche, s'arc-boutant soudain sur ses quatre pieds comme si un spectre lui eût sauté à la bride, refusait de passer outre avec une obstination invincible, elle, si docile d'ordinaire qu'il eût suffi du fouet de la reine Mab, fait d'un os de grillon, ayant pour corde un fil de la Vierge, pour lui faire prendre le galop, nous ne pouvions nous empêcher de sentir un léger frisson nous courir sur le dos, et de fouiller l'ombre d'un regard assez inquiet, trouvant parfois l'air spectral d'un Caprice de Goya à d'innocentes silhouettes de bouleau et de hêtre.

Notre plaisir était de conduire nous-même ces charmantes bêtes, et la plus intime intelligence ne tarda pas à s'établir entre nous. Si nous tenions les guides en main, c'était par contenance pure. Le plus léger clappement de langue suffisait à les diriger, à leur faire prendre la droite ou la gauche, à leur faire accélérer le pas, à les arrêter. Bientôt elles connurent toutes nos habitudes. Elles allaient d'elles-mêmes au journal, à l'imprimerie, chez les éditeurs, au bois de Boulogne, dans les maisons où nous dînions à certains jours de la semaine, avec tant d'exactitude qu'elles finissaient par être compromettantes. Elles auraient donné les adresses de nos visites les plus mystérieuses. Quand il nous arrivait d'oublier l'heure, dans quelque conversation intéressante ou tendre, elles nous la rappelaient en hennissant et en frappant du pied devant le balcon.

Malgré le plaisir de courir la ville en phaéton avec nos petites amies, nous ne pouvions nous empêcher de trouver parfois la bise aigre et la pluie froide, quand vinrent ces mois si bien caractérisés sur le calendrier républicain: brumaire, frimaire, pluviôse, ventôse et nivôse; et nous achetâmes un petit coupé bleu, doublé de reps blanc, que l'on compara à l'équipage du nain célèbre à cette époque, injure qui nous fut peu sensible. Un coupé brun, capitonné de grenat, succéda au coupé bleu, et fut lui-même remplacé par un coupé œil de corbeau, tapissé de bleu foncé, car nous roulâmes carrosse, nous pauvre feuilletoniste, n'ayant aucune rente sur le grand livre et n'ayant pas fait le moindre héritage, pendant cinq ou six ans; et nos ponies, pour se nourrir de littérature, avoir des substantifs pour avoine, des adjectifs pour foin et des adverbes pour paille, n'en étaient pas moins gras et rebondis; mais, hélas! vint, on ne sait trop pourquoi, la révolution de Février; beaucoup de pavés furent déplacés dans un but patriotique, et la ville devint peu praticable pour les chevaux et les voitures; nous aurions bien escaladé les barricades avec nos agiles ponies et leur léger équipage, mais nous n'avions plus crédit que chez le rôtisseur. Nous ne pouvions nourrir nos chevaux avec des poulets rôtis. L'horizon était assombri de gros nuages noirs, traversés de lueurs rouges. L'argent avait peur et se cachait; *la Presse*, où nous écrivions, était suspendue; et nous fûmes bien heureux de trouver quelqu'un qui voulût acheter bêtes, harnais et voitures, pour le quart de ce qu'ils valaient. Ce fut pour nous un amer chagrin, et nous ne jurerions pas que quelques larmes n'aient roulé de nos yeux sur les crinières de Jane et la Blanche lorsqu'on les emmena. Parfois elles passaient avec leur nouveau propriétaire devant leur ancienne maison. Nous entendions de loin résonner leur pas vif et rapide; et, toujours, un brusque arrêt sous nos fenêtres nous témoignait qu'elles n'avaient pas oublié le logis où elles avaient été si aimées et si bien soignées; et un soupir s'exhalait de notre poitrine émue et sympathique, et nous disions: "Pauvre Jane, pauvre Blanche, sont-elles heureuses?"

Dans l'écroulement de notre mince fortune, c'est la seule perte qui nous ait été sensible.

www.ingramcontent.com/pod-product-compliance
Ingram Content Group UK Ltd.
Pitfield, Milton Keynes, MK11 3LW, UK
UKHW042148280225
455719UK00001B/197